Meine erste Tier-Bibliothek

Die Biene

Text und Fotos von Paul Starosta

esslinger

Während die Biene aus der Blüte Nektar saugt, sammelt sich Pollen auf ihren Haaren.

Honigsüße Blüten

Die kleinen Bienen lieben den Frühling, weil es dann überall blüht. In jeder Blüte steckt nämlich Nektar, ein leckerer, süßer Sirup. Um sich nicht zu verirren, markieren Bienen den Standort ihres Stocks, bevor sie auf die blühenden Felder hinausfliegen.

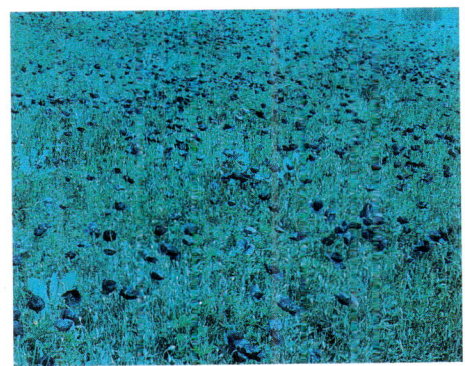

 *Die leuchtend bunten Blüten sieht eine Biene so ...*

... wie auf diesem Foto.

Gute Ernte!

Bienen fliegen erst eine Blüte an, dann die nächste und noch eine. Schnell füllt sich ihr Magen mit dem köstlichen Nektar. Gleichzeitig sammeln sie Pollen: Wenn sie über die Blüten streichen, fängt sich der bunte Blütenstaub in ihren Haaren. Die Bienen verstauen ihn dann in zwei kleinen Behältern an ihren Hinterbeinen – den Körbchen.

Diese Biene hatte es zu eilig. Sie hat die weiße Spinne übersehen, die unter der Margerite versteckt war.

Eine Flugbiene saugt Nektar vom Grund der Blüte.

Die Körbchen hängen an den Hinterbeinen der Bienen.
Sie sind voll mit orangefarbenem Blütenstaub.

 *Die Biene fliegt langsamer und bringt sich vor dem Eingang zum Stock in Position.*

 *Da ist
der Stock!*

  *Durch einen Tanz zeigt sie den anderen,
wo die Blüten sind.*

Tanze,
tanze ...

Die Biene ist schwer bepackt
mit Nektar und Pollen.
Rasch fliegt sie zum Stock
zurück. Sie möchte ihren
Schwestern den Weg zu den
Blüten zeigen. Schnell! Sie
lädt ihre Ernte ab. Dann
tanzt sie einen Augenblick
lang. So beschreibt sie
Richtung und Entfernung des
wertvollen Blütenschatzes.
Ihre Gefährtinnen haben
alles verstanden. Die Biene
hat es eilig. Sie muss direkt
wieder mit zurückfliegen.

*Mit der Zunge gibt sie den Nektar
an ihre Schwestern weiter.*

*Die Wächterinnen halten sie an. Sie kontrollieren,
ob sie nach ihrem Stock riecht.*

Was für Vorräte!

Alles, was die Bienen sammeln, muss im Stock untergebracht werden. Die Arbeiterinnen geben den Nektar mit der Zunge weiter. So verwandelt er sich in Honig. Dann legen sie den Honig und auch den Blütenstaub in kleine Waben aus Wachs. Die Bienen legen viele Vorräte an, damit alle im Stock genug zu fressen haben.

Der Blütenstaub wird in die Zellen der Waben gepresst.

Mit der Zunge bringt die Biene den Nektar aus ihrem Honigmagen in die Zellen.

Bevor sie den Pollen ablegen, schauen die Bienen nach, ob nicht etwa schon Nektar in der Zelle ist.

Die Arbeiterinnen sterzeln über den Zellen mit den Flügeln. So wird der Honig dickflüssiger.

13

🐝 *Die Baubiene macht
Wachs und baut
die Zellen der Waben.*

🐝 *Die Farbe des Pollens ist von
Blüte zu Blüte unterschiedlich.*

Ein Lager aus Wachs

Die Bienen bringen so viel Nektar in den Stock, dass die Arbeiterinnen nicht mehr wissen, wohin damit. Dann machen junge Bienen Wachs, damit neue Waben gebaut werden können. Die Zellen werden aneinander gebaut und zu einer Platte geformt. Das ist die Wabe. Die Arbeiterinnen füllen die leeren Zellen sofort mit Nektar.

 Frisches Wachs ist weiß.
Mit der Zeit wird es dunkelgelb.

15

Die Königin arbeitet

Plötzlich erscheint Ihre Majestät unter den Arbeiterinnen. Sie ist die Königin dieses Stocks, die größte Biene überhaupt. Was macht sie da? Sie legt Tausende von Eiern in die Zellen. Aus diesen Eiern schlüpfen später junge Bienen. Und weil die Königin die Einzige ist, die Eier legt, ist sie auch die Mutter aller Bienen in diesem Stock.

Die Königin ist von jungen Bienen umgeben, die sie lecken und füttern.

Die Königin legt die Eier in die Mitte der Zelle. Die Arbeiterinnen legen die Vorräte an den Rand.

Die Königin hat nur eine Aufgabe: das Eierlegen. Aber das ist viel Arbeit.

Die Eier werden am Boden der Wabenzellen festgeklebt.

Nach wenigen Tagen sind aus den winzigen Eiern schon große Larven geworden.

Die Arbeiterinnen geben den Larven eine Art Milch, den Futtersaft.

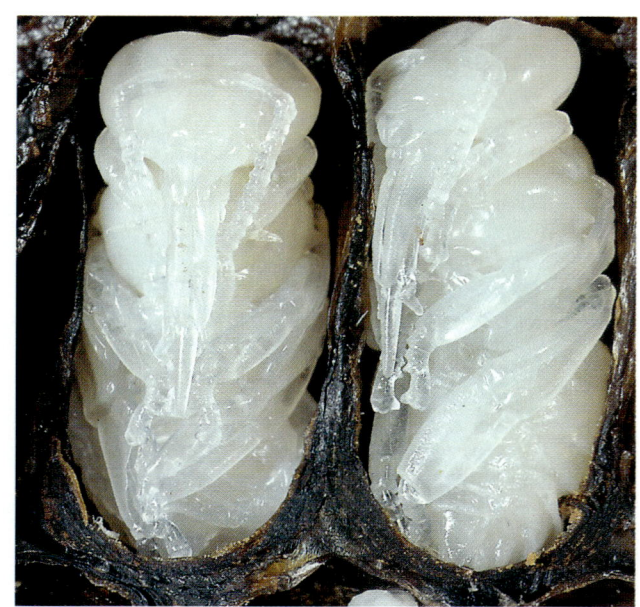

Bevor sie zur Biene heranwachsen, verwandeln sich die Larven in Puppen.

Die Larve ist da!

Nach ein paar Tagen schlüpft aus jedem Ei eine kleine Larve. Sie wird mit Futtersaft gefüttert und wächst jetzt sehr schnell. Später frisst sie Pollen und Honig. Sie wird immer größer, bis sie die Zelle ganz ausfüllt. In diesem Moment verschließen die Baubienen das Kinderzimmer mit einem luftdurchlässigen Wachsdeckel. Wenn die Biene ausgewachsen ist, schlüpft sie.

Die Biene will aus ihrer Zelle heraus. Dafür muss sie den Wachsdeckel aufreißen.

Viel zu viele

Täglich schlüpfen neue Bienen. Manche sind größer als die anderen. Das sind die Männchen. Sie werden Drohnen genannt. Der Stock wird schnell zu klein für so viele Bienen. Deshalb fliegt die Königin eines Tages los und sucht eine neue Unterkunft. Viele, viele Arbeiterinnen und einige wenige Drohnen fliegen hinter ihr her.

Eine Wolke von Bienen fliegt aus dem Stock heraus und versammelt sich auf einem Ast. Das ist ein Schwarm.

Die Drohnen sind größer als die Arbeiterinnen. Sie haben riesige Augen.

Nach dem Umzug in den neuen Stock arbeiten die Flugbienen wieder.

Jedes Jahr versammeln sich die Drohnen mehrerer Stöcke im Flug zur gleichen Zeit am gleichen Ort.

 Die Brutzelle der Königin ist viel größer als die der anderen Bienen. Sie wird Weiselzelle genannt. Anfangs ist sie unten offen.

Lebenslang eingesperrt

In dem Stock ohne Königin bestimmen die Arbeiterinnen eine neue Prinzessin. Sie suchen sich eine Larve aus und füttern sie nur mit Gelee Royale. Nach zwei Wochen schlüpft die Prinzessin. Sie gesellt sich später zu den Drohnen und fliegt mit ihnen. Nach der Hochzeit kehrt sie als neue Königin für immer in ihren Stock zurück.

Die Larve, die nur mit Gelee Royale gefüttert wird, wächst schnell zur Königin heran.

Im Winter

Jetzt bleiben alle Bienen im Stock. Sie ernähren sich von dem Zuckerwasser, das ihnen der Imker gegeben hat. Die Drohnen werden nicht mehr gebraucht. Sie werden von den Arbeiterinnen fortgejagt.

Dicht aneinander gedrängt, ist den Bienen schön warm.

Der Schnee schützt den Stock vor der Kälte.

Im Winter leben Bienen von Zuckerwasser, das ihnen der Imker gibt

Die Flugbienen schwärmen weiter aus, um noch mehr Vorräte zu sammeln. Aber auch für sie wird es bald zu kalt. Alle Bienen bleiben in der Mitte des Stocks. Sie sind gut versorgt und warten auf den Frühling. Dann können sie wieder fliegen.

Eine gute Freundin

Bienen sind Haustiere. Sie leben dort, wo die Menschen sie halten. Wir bekommen von den Bienen Honig, Wachs und Pollen. Außerdem bringen sie bei ihren Besuchen im Obstbaum den Blütenstaub von Blüte zu Blüte und sorgen so für schöne Früchte.

Der Bienenzüchter

Wie Hirten, die Schafe züchten, kümmern sich die Imker um die Bienen. Sie geben ihnen ein Haus und pflegen sie, wenn sie krank sind. Wenn sie die Honigwaben aus dem Stock holen wollen, beruhigen sie die Bienen mit Rauch. Vorsichtshalber tragen sie eine Maske und Handschuhe. Dann legen sie die Waben in eine Maschine, die sich sehr schnell dreht. So kommt der Honig heraus. Die Maschine heißt Honigschleuder.

Der Imker nimmt den Bienen all ihren Honig weg. Dafür gibt er ihnen Zuckerwasser.

Honig ist für alles gut!

Honig pur ist eine köstliche klebrige Schleckerei. Ansonsten braucht man ihn für Honigkuchen Plätzchen, Nougat und Bonbons. Es gibt auch Shampoo und Seife mit Honig drin. Das Wachs der Waben wird geschmolzen und zum Polieren von Möbeln, Parkettböden oder Schuhen benutzt. Auch in Kosmetik und Medikamenten kommt Honig vor.

Viele Leckereien werden mit Honig gesüßt.

Vorsicht Stachel!

Bienen stechen nicht, weil sie Hunger haben oder böswillig sind. Sie stechen einzig und allein, um sich zu verteidigen oder ihren Stock zu beschützen. Wenn sie nicht gestört werden, stechen sie auch nicht. Deshalb kannst du den Bienen ruhig bei der Arbeit zuschauen

Durch das Drehen der Waben wird der Honig aus den Zellen geschleudert.

Die Verwandten

Wie alle Insekten haben auch Bienen sechs Beine. Sie gehören zur großen Familie jener Insekten, die stechen und Honig machen. Man kann sie leicht an ihrem behaarten Körper erkennen.

Wespen sehen fast genauso aus wie Bienen, aber sie gehören nicht zur selben Familie. Die Wespen machen nämlich keinen Honig und haben auch keine Haare. Sie leben auch in Gruppen, aber ihr Haus ist aus Papier. Außerdem haben sie mehrere Königinnen. Anders als die Bienen füttern die Wespen ihre Larven mit anderen Insekten.

 *Eine Wespe*

Eine Hummel

In einem **Hummel**nest leben viel weniger Tiere als in einem Bienenstock. Außerdem liegt es unter der Erde. Im Herbst sterben die Königin, die Drohnen und die Arbeiterinnen. Nur einige wenige Prinzessinnen bauen ein neues Nest.

Eine Holzbiene

Holzbienen leben allein. Sie nagen ein Loch in abgestorbenes Holz. Dann legen sie tief hinein Blütenstaub, Nektar und ein einziges Ei. Das machen sie mehrmals. Die Larven fressen die beigelegte Nahrung und entwickeln sich von selbst.

29

Einige Fragen zum Leben der Bienen.
Die Antworten findest du in diesem Buch.

Fotos © 1991 Paul Starosta

Copyright © Éditions Milan 1999
Die französische Originalausgabe erschien erstmals 1999
unter dem Titel »L'abeille« bei Éditions Milan, Toulouse, Frankreich.
Herausgeberin: Valérie Tracqui

Aus dem Französischen von Anne Brauner.
Alle Rechte der deutschsprachigen Ausgabe:
© 2000 Esslinger Verlag J.F. Schreiber · Esslingen, Wien
Anschrift: Postfach 10 03 25, 73703 Esslingen
ISBN 3-480-20649-2 (14692)

2. Auflage 2000